AF399493

Päivikki Iivari

Elämän jälkiä

* * *

Kustantaja: BoD – Books on Demand, Helsinki, Suomi
Valmistaja: BoD – Books on Demand, Norderstedt, Saksa
ISBN: 978-952-339-054-6

Jos oisin kaikkivoipa

isolla pensselillä

maalaisin maailmaan

valoa, iloa ja onnea

Pienellä sudilla sutisin

varjon ja vastoinkäymiset

Siinä se sitten olisi

... elämä

Jälkiä elämän puolimielisyydestä

* * *

Alku

Lapsen naurusta
tuhat pientä aurinkoa

Suu mansikan punaisena
silmät innosta loistaen
uteliaana elämälle
lentoon

Kiire

Pinkeänä
pyöreänä
tukka putkella
vuoristoradassa elämän

Ylös alas
hurjassa vauhdissa
sinne tänne
nukutaan haudassa

Ehtoo

Ohi sujahtelevat sähikäiset
antaa niiden touhottaa
mitä ne tietävät
perässä tulevat

Tässä on hyvä
hetki huilata
istahtaa
irrottaa

Pyörryksissä

Ympäri, ympäri
maailmanpyörässä
elämän

Ympäri, ympäri
pää pyörällä

Ympäri, ympäri
mistä tulen
minne menen?

Pää pyörällä
maailma näyttää hyvältä

Ihme

Lupaa kysymättä
tulit tähän maailmaan

Päättäväinen ilme
pienillä kasvoillasi

Ryppy silmiesi välissä
suu valmiina huutoon

Otit paikkasi sydämestäni

Laina

Kohtuni hedelmä
ehtymätön ihmetyksen aihe

Minulla vain lainassa
matkalla omaksi itsekseen

Muista olla itsellesi armollinen

… ja minulle

Rajat ja Rakkaus

Taas ovet paukkuu ja
huuto raikaa
puolin ja toisin, kun
napanuoraa katkotaan

Anna viisautta
… pysyä aikuisena
Varjele pinnaani
… katkeamasta kokonaan
Auta muistamaan
… etten minäkään vanhana syntynyt

Ja huomenna
sama uudestaan
… huokaus

Oppi

Siperia opettaa, sanotaan
ja niinhän se on
nuoruuden ehdottomuus
karisee kokemuksen myötä

Musta-valkoisen tilalle
tulee koko väriskaala

Oma napa pienenee
kun ymmärtää
ettei tiedäkään kaikkea

Maan mantujen matkaaja

askelilla mittaa maan kamaraa

mitoilla laittaa kaiken paikoilleen

taivaan tuuli hattunaan

Kannateltu

Oman polkunsa tallaaja
elämänsä muotokuvamaalari

Ei etsi, löytää
arjen pieniä ihmeitä
ihmeteltäväksi

Ei suorita, elää
loppuun asti luottaen
kyllä se kantaa

Hippi

Hulluksi haukkuvat, kun
kiireettä ihailen
auringon laskua
juustoista täysikuuta
ojanpohjan rentukoita
kasteesta helmeilevää hämähäkinseittiä

Onko se hulluutta, jos
katsoo maailmaa sielunsa silmin
kuuntelee sydämellään
hymyilee tuntemattomille
antaa kaikkien kukkien kukkia
myös sen pienimmän ja heikomman

Onko se hulluutta, jos ei
juokse maineen ja mammonan perässä
kerää omaisuutta
täytä tehokkuus määreitä

Jos näin on
olen mieluusti hullu
enemmän kuin pelkkä kuori
oman elämäni keijukainen

Erilainen

Erilainen
muottiin taipumaton
omansalainen
kiusattu

Tässä tasapäisyyden maailmassa
erilaisuus vaatii rohkeutta

Sydän repaleina
ranka terästä
taipuu, vaan ei katkea

Yölento

Lensin

  yötaivaalla
  ilman maallista painoa
  kevyenä kuin höyhen
  tuulen suhistessa korvissani
  hivelin puiden latvoja

Lensin

  siksakkia voimalinjojen yllä
  kuin ilkikurinen lintu

Kirkasotsainen

Liian sinisilmäinen
aikuisten kovaan maailmaan

Liian puhdas sydän
likaisiin peleihin

Liian hyväuskoinen
uskomaan pahaa

Aikuinen lapsi
nahoissaan onnellinen

Vierailija

Lähdin sielujen virrasta
tullakseni tähän maailmaan

Ulkopuolisena -

kuuntelin äänten sorinaa
ihmettelin ihmisten kiirettä

halasin humisevaa puuta
tunsin elämän sykkeen

kaukaa tuikkivien tähtien valossa
tunnustin pienuuteni

Erkanin
palatakseni sielujen virtaan
osaksi elämän kiertokulkua

Pahan ilman linnut rääkyvät

kaikki on väärinpäin, tuho tulee

Lähellä olevaa hyvää

on vaikea nähdä

Katukivetyksen raossa

keltainen kukka

Jälkiä elämän

sattumanvaraisuudesta

* * *

Kutsumaton vieras

Pelko astui sisään
asettui viereen
kuin kotiinsa

Otti kädestä ja
halvaannutti

Kuin käen poikaa
ruokit ja vaatetit

Ja tiimalasissa
hiekka vajenee...

Piilotettu hauraus

Minä
kaikki siististi nipussa, lokeroissa
merkittynä
… sekosin

Minä
suunnittelija, organisoija
tekijä
… putosin

Minä
kestämään tehty, vahva
selviytyjä
… hajosin

Minä…
eihän tässä näin pitänyt käydä!

Pimeyden sävyt

Pimeys
kaiken peittävä pimeys
kuin kokovartalohuppu…

Yksi horjuva askel
yksi pieni horjuva askel kerrallaan
tukena kemialliset kainalosauvat
kohti tunnelin päätä
kohti valoa…

Lasinen lapsuus

Puhuvat lasikatosta…
onkohan sellaiseen törmänneissä
säröjä?

Lasikengät olisivat liukkaat

Lasinen lapsuus
teki minusta säröllisen

Näitä säröjä
ei mikään maailman liima
riitä kasaan liimaamaan

Lasikengistä saisi rakkoja

Lasinen lapsuus
Isä älä lyö!

Kylvetty siemen

Vaatimuksillasi kylvit
riittämättömyyden tunteen

Vaikken ole enää lapsi
on varjosi musta ja
käsivartesi pitkä

Leikkaus ilman puudutusta

Sanan säilällä terävällä
kesken lentoni
leikkaat siipeni

Sanot sitä rakkaudeksi

Mietinpä…
sinun vai minun

Tuuli tuule

puhalla pölyt ullakolta

kolistele nurkkia myöden

hajota luutuneet

avaa silmät näkemään

ohi oman navan

Jälkiä elämän mahdollisuuksista

* * *

Jos

Mitä jos…
Mitä jos hän ei…
Mitä jos minua…

Mitä jos en enää pelkäisi

Jos…

Hukattu mahdollisuus

Sinä olit
roikkumaan jäänyt mahdollisuus
kortti joka jäi kääntämättä
arki joka jäi elämättä

Joskus mietin
millaista se olisi ollut

jos olisit uskaltanut…

Odotus

Odotan

että ovikello soisi
ja ovella seisoisi

Hän

joka poistaisi ikävän

Etsijä

Vanha ovi sulkeutui

Kiersin kehää availlen uusia
etsien, etsien

Löytämättä

Pysähdyin paikoilleni ja
siinä sinä olit

Rapsutusta vailla

Kuin kulkukoira
kuleksin pitkin ja poikin
etsien rakkautta ja rapsutusta

Kohtasin mahdottomia vaatimuksia
kyvyttömyyttä tarttua hetkeen
täydellisyyden tavoittelijoita

Lopulta pysähdyin peilin eteen
kysyin, rakastaisitko sinä minua
kuvajainen vastasi

kyllä

Jälki

Jäikö minusta sinuun jälki?
Niin kuin sinusta minuun

Muistatko minut, kun
kuulet sen sävelen tai
näet sen elokuvan

Niin kuin minä sinut muistan

Tätä sinulta kysyisin
mutta kadotin kontaktin

Muisto

Aika ajoin
pullahdat pintaan
muistojeni merestä

Muisto
aikansa kelluen
jälleen
pinnan alle
painuen

Se ei satu enää

Luurangot

Jaoin kaiken kanssasi
esittelin kaappini luurangot

Sinä vartioit tiukasti rajojasi
visusti piilotit luurankosi

Ja lopulta ne sinut
söivät

Hiljaisuuksia

Kuuntelen hiljaisuutta
höyhenen kevyttä
ihojen sinfoniaa

Kuuntelen hiljaisuutta
kiven kovaa jota ei sanoilla rikota

Kuuntelen hiljaisuutta
tummaa ja paksua

Sydämesi vahvaa taontaa
kuunnellessa unohdin kuunnella
omaani

Toiseen kadonnut

Jätin lapun keittiön pöydälle
  lähdin löytöretkelle
  pakastimessa on ruokaa

Vahvemman edessä
kadotin itseni

Tahdon jälleen muistaa
kuka olin ennen sinua

Paljonko on paljon?
Paljonko on liikaa?

Kuinka paljon
yksi nyrkin kokoinen
voi kestää särkymättä?

Jälkiä elämän menetyksestä

* * *

Väistämätön

Sanovat
ettei luojan kanssa
käydä vaihtokauppaa

Sanovat
ettei kuolemaa vastaan
voi taistella

Silti
viimeiseen asti tinkaan
kaikin keinoin taistelen vastaan

Sillä
lähtösi
repii sieluani

Lähdön hetki

Kun aika on tullut
kaikki teot tehty
kaikki sanat sanottu

Käsi kädessä
hiljaisuudessa
odottaen oven aukeamista

Kyynelten aika tulee myöhemmin

Haamusärkyä

Kuinka monta kertaa
olenkaan kääntynyt
sanoakseni sinulle jotain

etkä sinä ole siinä
et ole siinä enää koskaan

Kuinka kauan kestää
ennen kuin totun tähän

En totu
en koskaan

Haamusärkyä

Ikävä

Kun yhtenä aamuna
et olisi ensimmäinen ajatukseni

Kun yhtenä päivänä
pysyisit poissa mielestäni

Kun yhtenä yönä
et tulisi uniini

Ehkä paranisin tästä ikävästä

Tyyny ei tuoksu sinulta
enää

Tunne vs Järki

Rakastan muistoasi
mutta
vihaan sinua
koska
jätit minut

Hyviä yksin
täydellisiä yhdessä

Minun tehtäväkseni jäi
palikoiden uudelleen järjestely

Harmaa ikävä

Kuljen kuin sumussa
tunnit venyvät päiviksi
päivät muuttuvat viikoiksi
viikot kuukausiksi

Yhä kuiskaan nimeäsi pimeään

Tyhjyys

Yksin, hämärässä
istun rutistaen tyynyä sylissäni

Tuska kirvelee silmäluomien takana
puristan tyynyä lujemmin
annan padon aueta

Tuska muuttuu tyhjyydeksi
hetken helpotukseksi
yksin, hämärässä

Etten ajattelisi

Arkisilla asioilla täytän päiväni
illalla viivyttelen television äärellä
vaikken mainoskatkon aikana
edes muista mitä olin katsomassa

Ilman sinua vuode on
niin tyhjä

Minä muistan kaiken

kunnes unohdan

Muistelemaan ryhtyessäni

muistan vain sen

hyvän

Jälkiä elämän

taistoista

* * *

Kutistettu

Tarvitset minua,
pienentämistäni

tehdäksesi itsestäsi
ison ja vahvan

Miten voit rakastaa
näin epäkuranttia ihmistä?

Mikset vain mene
ja jätä minua rauhaan?

Hyvä kysymys

Kulissit kaatuivat ryskyen
paljastaen ettei niiden takana
mitään enää ollutkaan

Miksi me vielä revimme
toisiamme riekaleiksi?

Tyhjää

Miten kaksin voi olla näin
yksin

Muistan ajan kun kaksi oli
yksi

Toisiinsa kietoutuneina
täydentäen toistensa lauseita
yhteinen mieli…

Yritän kurkottaa sinua kohti
mutta haron tyhjää

Sininen blues

Oli aika, kun
tähdet loistivat silmissäsi
katsoessasi minua

Ja sisälläni soi
punainen rakkauslaulu

Nyt silmiesi tähdet
ovat sammuneet
jäljellä vain avaruuden kylmyys

Ja sisälläni soi
luopumisen sininen blues

Häädetty

Sylisi oli kotini
kunnes sain häädön

Näin jälkeenpäin ajateltuna
se kummoinen ollutkaan

Ajatus

Ensi silmäyksellä
rakastuin sinuun
ajatukseen sinusta
ajatukseen meistä

Todellisuus ei vain vastannut
ajatusta

Lohtua vailla

Eikö se riitä, että
olen itse hajottanut
itseni pieniin palasiin

Syytöksesi leipovat minut
paperin ohueksi

Voisitko olla vain hiljaa
ottaa syliisi ja heijata kuin
pientä lasta

Takki auki

Hopeatarjottimella
tarjosin aseet
näytin parhaat paikat iskeä

Takki auki seisoin edessäsi
odottaen iskua
jota ei tullutkaan

Kivireki

Keräsit mustia kiviä rekeesi
suuren painolastin
kunnon kuorman

Ja kaikki oli minun syytäni

Vaikka kuinka selitin
mustaa valkeaksi
et uskonut
hyvään

Et nähnyt, että
jokainen keräämäsi kivi
oli läpinäkyvä kuin saippuakupla

Parantunut

Tänään
kuulin linnun laulun

Tänään
huomasin auringon lämmön

Tänään
tajusin parantuneeni sinusta

Elämä on ihanaa

Toiselta

Jälleen kerran
tulen luota sen toisen
huikkaan jo ovelta
työt venyivät

Omantunnon naputuksen
hukutan suihkun kohinaan
pessen pois tuoksua
sen toisen

Pidän sinua sylissäni
päätän, huomenna
huomenna lopetan sen
suhteen toisen

Puolelta

Jälleen kerran
tulet myöhään kotiin
painellen suoraan suihkuun

Haistan sinussa tuoksun
sen toisen

Pidät minua sylissäsi
päätän, huomenna
huomenna pakkaan tavarasi
mene sitten luokse
sen toisen

Valheilla suojeltu

Jälleen kerran
suusi suoltaa sanoja
tyhjiä ja katteettomia
koska tekosi ei niitä lunasta

Olen kyllästynyt
pettymään kerta toisensa jälkeen

Voisitko lakata
suojelemasta minua
valheilla ja
kunnioittaa totuudella
edes kerran

Haihtuvaa

Sormus
kauan sitten sormeen painettu

Kulunut
yhtä kulunut kuin tämä liitto
jossa kaksi toisistaan vieraantunutta
jakaa yhteisen vuoteen

Jälki
vaalea jälki tyhjässä sormessa
haalenee niin kuin jäljet
jotka minuun jätit

Elämän palaset

hehkuvat kaikissa väreissä

kuin kirjava tilkkutäkki

käytössä nuhjaantunut

reunoista rispaantunut

Oma, siksi rakas

Jälkiä elämän

hupsutuksista

* * *

Naamio

Purkit ja purnukat
siististi rivissä peilin edessä

Joka aamuinen naamio

Paljaana
liian paljas muiden silmille

Vihdoinkin täysi-ikäinen

Hihhei tyttöjen ilta
otetaan yhdet
otetaan vielä toiset…

Pää humisten
taksin takapenkillä
olihan meillä sentään hauskaa
olihan…

Tottumaton baarikärpänen
laskeutui väsymyksen planeetalle

Kesähepenet

Kevyet kesähepenet mieltä valjastaa
pintaa peittää ja paljastaa

Lanteen keinahdus silmiäsi koukuttaa
pitsi ihoa vasten sormiasi houkuttaa

leikkiin villiin ja hienoon

Vapaa

Kesäsateen jälkeen
kengät kädessä
varpaat lätäkössä

Päästin vapaaksi
sisäisen lapseni

Ajatelkoot muut
mitä mielivät

Vapaa ei välitä

Ryhdyin riettaaksi

punasin huuleni ja

keinuvin lantein

astelin eteesi

Käheällä äänellä

kuiskasin korvaasi

rietastellaan...

Jälkiä elämän

rakkaudesta

* * *

Ovi auki

Kiinni tässä hetkessä
vaikka pelottaa
avaan oven sepposen selälleen

Tervetuloa rakkaus
ole kuin kotonasi
kävi miten kävi

Avain

Yksi avain
yksi lukko
lukon takana seikkailu

Yksi avain
yhteen lukkoon
avaa mahdollisuuden

Otatko riskin
avaatko lukon?

Matkalla

Maailman kiehtovin matka
matka toiseen ihmiseen
täynnä löytöjä
ihmetyksen aiheita

Erkaantumista
lähentymistä

Ikuisesti kanssasi
matkalla

Rakastan

Rakastan
kiireettömiä aamuja kanssasi

Rakastan
karheata parransänkeäsi
poskeani vasten

Rakastan
ohimennen annettuja hipaisuja

Rakastan sanoa sen ääneen…

Rakastan sinua

Ihmetekstiili

Jos, kaipuuni olisi vaate
se olisi pehmoisen pörröinen oloasu
joka peittäisi minut
päästä varpaisiin

… muttei lämmittäisi

Jos, rakkauteni olisi vaate
se olisi seitin ohut huntu
kuiskaustakin kevyempi
ja se peittäisi meidät molemmat
päästä varpaisiin

… ja saisi meidät hehkumaan lämmöstä

Ystäväni

Sielun veljeni
mies harvojen sanojen

Silmistäsi näen sen
sinäkin rakastat minua
niin kuin minä sinua

Sielun veljeni, ystäväni
menneessä, tässä ja tulevassa
ikuisesti

Olen ollut onnellinen
olen ollut onneton
olen vihannut vähän
olen rakastanut paljon

Elämä on vienyt ylös ja alas
Olenpa ollut onnekas

Jälkiä elämän

seesteisyydestä

* * *

Kesämuisto

Kesä ja terassi
kesäterassi
iho saunan jäljiltä höyryten
ympärillä kesäyö

Tässä ja nyt
pieni ihminen
yhtä maailmankaikkeuden kanssa

Hyttysetkin ovat nukkumassa

Kirjavien lehtien aikaan

Onni on
syksyn tullen
vetää riemunkirjavat
villasukat jalkoihinsa

Istua sohvalla
tekemättä mitään
olla olematta tehokas

Kupissa teetä
sielussa sympatiaa

Vanha tuoli

Vanha tuoli alla omenapuun
houkuttaa unohtumaan hetkeen
nautiskelemaan loppukesän
hiipuvasta lämmöstä

Kypsyvien omenoiden tuoksu
mehiläisten surina

Kerään kaikki muistojen purkkiin
nautittavaksi talven pimeydessä

Suukkoja

Käsi kädessä
tähtikirkkaan taivaan alla

Pakkanen nipistelee
poskemme punaisiksi

Lähetän lentosuukon
meitä katselevalle kuu-ukolle

Sinut minä suutelen lämpimäksi

Kiitospäivä

Kiitos jalkani
jotka kantavat painoni
päivästä toiseen
ja vielä jaksavat tanssahdella

Kiitos käteni
jotka ovat kantaneet
lapsia ja ruokakasseja
ja vielä hyväilyyn taipuvaiset

Kiitos silmäni
jotka ovat paljon nähneet
ja vielä näkevät hyvää ja kaunista

Kiitos sydämeni
sinua on poljettu
sinut on rikottu
ja vielä pystyt antamaan
kantajallesi onnen tunteen

Kiitos

Hämärän hyssy

Hiljaisuus
lipuu korvasta sisään
toisesta ulos
jättäen jälkeensä
rauhan

Jälkiä eletystä

muistoja menneestä

haikuja tulevasta

heijastuksia

*

*

*